مشروع إحياء التراث العربي في المهجر
سلسلة قصص أطفال

أهل الكهف
قصة للأطفال

حسن يحيى

Ahl al Kahf
Qissa lil Atfal

Hasan Yahya

ALBA Research & Publication Company-Yahya Family
Publidhing House
Jerusalem & Volcano Printers

مطابع القدس

بدعم من الموسوعة العربية الأمريكية ومعهد التراث العربي ومطابع القدس – الولايات المتحدة

Produced by the Arab American Encyclopedia-USA,

sponsored by professor Hasan A. Yahya.

مشروع إحياء التراث العربي – سلسلة قصص الأطفال / 16

Hasan Yahya
Ahl al Kahf- Qissa lil Atfal

ISBN-13: 978-1500880705
ISBN-10: 1500880701

Manufactured in the United States of America

المحتوى

بِسۡمِ ٱللَّهِ ٱلرَّحۡمَٰنِ ٱلرَّحِيمِ

تقديم

تقاس حضارة الأمم وتقدمها بما أثر عنها من تراث أدبي وفكري وفلسفي وفني والقصص فن فريد انتشر في التراث العربي كألف ليلة وليلة والسندباد البحري وعلاء الدين والمصباح السحري وعلي بابا والأربعين حرامي وغيرها كثير .

وقد تم تأليف واختيار هذه القصة ضمن مشروع إحياء التراث العربي في المهجر الذي تدعمه مؤسسة الموسوعة العربية الأمريكية ، وكلاهما من تأسيس الأديب العربي الفلسطيني الخبير التربوي الدكتور حسن يحيى الذي ألف وترجم ونشر مئات الكتب في شتى مجالات التراث العربي.

وهذا الكتاب يصلح إدراجه في مناهج المرحلة الإبتدائية (ثالث ورابع) للقراءة والمناقشة . ويمكن للمعلمات والمعلمين استخدامها للتفكير والمناقشة ،

كما يمكن استخدامها لفريق تمثيلي من الأطفال أنفسهم ، وعمل تصاميم تناسب القصة التاريخية.

ونسأل الله تعالى أن تلقى هذه السلسلة من الأطفال الصغار وذويهم قبولا حسنا ، إنه سميع مجيب. عليه نتوكل وإليه ننيب.

الدكتور حسن يحيى

مؤسس الموسوعة العربية الأريكية ومشروع إحياء اللغة العربية والتراث العربي في المهجر
ميشيغان – الولايات المتحدة الأمريكية
أغسطس – آب 2014

قصة
أصحاب الكهف

ورد ذكر القصة في سورة الكهف
(الآيات 9-26.)

قال الله تعالى: أَمْ حَسِبْتَ أَنَّ أَصْحَابَ الْكَهْفِ
وَالرَّقِيمِ كَانُوا مِنْ آَيَاتِنَا عَجَبًا (9) إِذْ أَوَى الْفِتْيَةُ
إِلَى الْكَهْفِ فَقَالُوا رَبَّنَا آَتِنَا مِنْ لَدُنْكَ رَحْمَةً
وَهَيِّئْ لَنَا مِنْ أَمْرِنَا رَشَدًا (10) فَضَرَبْنَا عَلَى
آَذَانِهِمْ فِي الْكَهْفِ سِنِينَ عَدَدًا (11) ثُمَّ بَعَثْنَاهُمْ
لِنَعْلَمَ أَيُّ الْحِزْبَيْنِ أَحْصَى لِمَا لَبِثُوا أَمَدًا (12)
نَحْنُ نَقُصُّ عَلَيْكَ نَبَأَهُمْ بِالْحَقِّ إِنَّهُمْ فِتْيَةٌ آَمَنُوا
بِرَبِّهِمْ وَزِدْنَاهُمْ هُدًى (13) وَرَبَطْنَا عَلَى
قُلُوبِهِمْ إِذْ قَامُوا فَقَالُوا رَبُّنَا رَبُّ السَّمَاوَاتِ

وَالْأَرْضِ لَنْ نَدْعُوَ مِنْ دُونِهِ إِلَهًا لَقَدْ قُلْنَا إِذًا
شَطَطًا (14) هَؤُلَاءِ قَوْمُنَا اتَّخَذُوا مِنْ دُونِهِ
آَلِهَةً لَوْلَا يَأْتُونَ عَلَيْهِمْ بِسُلْطَانٍ بَيِّنٍ فَمَنْ أَظْلَمُ
مِمَّنِ افْتَرَى عَلَى اللَّهِ كَذِبًا (15) وَإِذِ
اعْتَزَلْتُمُوهُمْ وَمَا يَعْبُدُونَ إِلَّا اللَّهَ فَأْوُوا إِلَى
الْكَهْفِ يَنْشُرْ لَكُمْ رَبُّكُمْ مِنْ رَحْمَتِهِ وَيُهَيِّئْ لَكُمْ
مِنْ أَمْرِكُمْ مِرفَقًا (16) وَتَرَى الشَّمْسَ إِذَا
طَلَعَتْ تَزَاوَرُ عَنْ كَهْفِهِمْ ذَاتَ الْيَمِينِ وَإِذَا
غَرَبَتْ تَقْرِضُهُمْ ذَاتَ الشِّمَالِ وَهُمْ فِي فَجْوَةٍ مِنْهُ
ذَلِكَ مِنْ آَيَاتِ اللَّهِ مَنْ يَهْدِ اللَّهُ فَهُوَ الْمُهْتَدِ وَمَنْ
يُضْلِلْ فَلَنْ تَجِدَ لَهُ وَلِيًّا مُرْشِدًا (17) وَتَحْسَبُهُمْ
أَيْقَاظًا وَهُمْ رُقُودٌ وَنُقَلِّبُهُمْ ذَاتَ الْيَمِينِ وَذَاتَ
الشِّمَالِ وَكَلْبُهُمْ بَاسِطٌ ذِرَاعَيْهِ بِالْوَصِيدِ لَوِ
اطَّلَعْتَ عَلَيْهِمْ لَوَلَّيْتَ مِنْهُمْ فِرَارًا وَلَمُلِئْتَ مِنْهُمْ
رُعْبًا (18) وَكَذَلِكَ بَعَثْنَاهُمْ لِيَتَسَاءَلُوا بَيْنَهُمْ قَالَ
قَائِلٌ مِنْهُمْ كَمْ لَبِثْتُمْ قَالُوا لَبِثْنَا يَوْمًا أَوْ بَعْضَ يَوْمٍ
قَالُوا رَبُّكُمْ أَعْلَمُ بِمَا لَبِثْتُمْ فَابْعَثُوا أَحَدَكُمْ بِوَرِقِكُمْ
هَذِهِ إِلَى الْمَدِينَةِ فَلْيَنْظُرْ أَيُّهَا أَزْكَى طَعَامًا فَلْيَأْتِكُمْ
بِرِزْقٍ مِنْهُ وَلْيَتَلَطَّفْ وَلَا يُشْعِرَنَّ بِكُمْ أَحَدًا
(19) إِنَّهُمْ إِنْ يَظْهَرُوا عَلَيْكُمْ يَرْجُمُوكُمْ أَوْ
يُعِيدُوكُمْ فِي مِلَّتِهِمْ وَلَنْ تُفْلِحُوا إِذًا أَبَدًا (20)

وَكَذَلِكَ أَعْثَرْنَا عَلَيْهِمْ لِيَعْلَمُوا أَنَّ وَعْدَ اللَّهِ حَقٌّ وَأَنَّ السَّاعَةَ لَا رَيْبَ فِيهَا إِذْ يَتَنَازَعُونَ بَيْنَهُمْ أَمْرَهُمْ فَقَالُوا ابْنُوا عَلَيْهِمْ بُنْيَانًا رَبُّهُمْ أَعْلَمُ بِهِمْ قَالَ الَّذِينَ غَلَبُوا عَلَى أَمْرِهِمْ لَنَتَّخِذَنَّ عَلَيْهِمْ مَسْجِدًا (21) سَيَقُولُونَ ثَلَاثَةٌ رَابِعُهُمْ كَلْبُهُمْ وَيَقُولُونَ خَمْسَةٌ سَادِسُهُمْ كَلْبُهُمْ رَجْمًا بِالْغَيْبِ وَيَقُولُونَ سَبْعَةٌ وَثَامِنُهُمْ كَلْبُهُمْ قُلْ رَبِّي أَعْلَمُ بِعِدَّتِهِمْ مَا يَعْلَمُهُمْ إِلَّا قَلِيلٌ فَلَا تُمَارِ فِيهِمْ إِلَّا مِرَاءً ظَاهِرًا وَلَا تَسْتَفْتِ فِيهِمْ مِنْهُمْ أَحَدًا (22) وَلَا تَقُولَنَّ لِشَيْءٍ إِنِّي فَاعِلٌ ذَلِكَ غَدًا (23) إِلَّا أَنْ يَشَاءَ اللَّهُ وَاذْكُرْ رَبَّكَ إِذَا نَسِيتَ وَقُلْ عَسَى أَنْ يَهْدِيَنِ رَبِّي لِأَقْرَبَ مِنْ هَذَا رَشَدًا (24) وَلَبِثُوا فِي كَهْفِهِمْ ثَلَاثَ مِئَةٍ سِنِينَ وَازْدَادُوا تِسْعًا (25) قُلِ اللَّهُ أَعْلَمُ بِمَا لَبِثُوا لَهُ غَيْبُ السَّمَاوَاتِ وَالْأَرْضِ أَبْصِرْ بِهِ وَأَسْمِعْ ما لَهُمْ مِنْ دُونِهِ مِنْ وَلِيٍّ وَلَا يُشْرِكُ فِي حُكْمِهِ أَحَدًا (26).

سبب نزول قصة أصحاب الكهف

ان سبب نزول قصة أصحاب الكهف، وخبر ذي القرنين ما ذكره محمد بن إسحاق و غيره في السيرة أن قريشا بعثوا إلى اليهود يسألونهم عن أشياء يمتحنون بها رسول الله ﷺ ويسألونه عنها؛ ليختبروا ما يجيب به فيها فقالوا:سلوه عن أقوام ذهبوا في الدهر فلا يدري ما صنعوا، وعن رجل طواف في الأرض وعن الروح.

فأنزل الله تعالى((وَيَسْأَلُونَكَ عَنِ الرُّوحِ وَيَسْأَلُونَكَ عَنْ ذِي الْقَرْنَيْنِ)) وقال ههنا:((أَمْ حَسِبْتَ أَنَّ أَصْحَابَ الْكَهْفِ وَالرَّقِيمِ كَانُوا مِنْ آيَاتِنَا عَجَبًا))أي؛ ليسوا بعجب عظيم بالنسبة إلى ما أطلعناك عليه من الأخبار العظيمة، والآيات الباهرة والعجائب الغريبة. والكهف هو الغار في الجبل.

قصة أهل الكهف

في زمان ومكان غير معروفين لنا الآن، كانت توجد قرية مشركة. ضل ملكها وأهلها عن الطريق المستقيم، وعبدوا مع الله مالا يضرهم ولا ينفعهم. عبدوهم من غير أي دليل على ألوهيتهم. ومع ذلك كانوا يدافعون عن هذه الآلهة المزعومة، ولا يرضون أن يمسها أحد بسوء. ويؤذون كل من يكفر بها، ولا يعبدها.في هذه المجتمع الفاسد، ظهرت مجموعة من الشباب العقلاء. ثلة قليلة حكّمت عقلها، ورفضت السجود لغير خالقها، الله الذي بيده كل شيء. فتية، آمنوا بالله، فثبتهم وزاد في هداهم. وألهمهم طريق الرشاد.لم يكن هؤلاء الفتية أنبياء ولا رسلا، ولم يتوجب عليهم تحمل ما يتحمله الرسل في دعوة أقواهم. إنما كانوا أصحاب إيمان راسخ، فأنكروا على قومهم

شركهم بالله، وطلبوا منهم إقامة الحجة على وجود آلهة غير الله. ثم قرروا النجاة بدينهم وبأنفسهم بالهجرة من القرية لمكان آمن يعبدون الله فيه. فالقرية فاسدة، وأهلها ضالون.عزم الفتية على الخروج من القرية، والتوجه لكهف مهجور ليكون ملاذا لهم. خرجوا ومعهم كلبهم من المدينة الواسة، للكهف الضيق. تركوا وراءهم منازلهم المريحة، ليسكنوا كهفا موحشا. زهدوا في الأسرّية الوثيرة، والحجر الفسيحة، واختاروا كهفا ضيقا مظلما.إن هذا ليس بغريب على من ملأ الإيمان قلبه. فالمؤمن يرى الصحراء روضة إن أحس أن الله معه. ويرى الكهف قصرا، إن اختار الله له الكهف. وهؤلاء ما خرجوا من قريتهم لطلب دنيا أو مال، وإنما خرجوا طمعا في رضى الله. وأي مكان يمكنهم فيه عبادة الله ونيل رضاه سيكون خيرا من قريتهم التي خرجوا منها.استلقى الفتية في الكهف، وجلس كلبهم على باب الكهف يحرسه. وهنا حدثت معجزة إلاهية. لقد نام الفتية ثلاثمئة وتسع سنوات. وخلال هذه المدة، كانت الشمس تشرق عن يمين كهفهم وتغرب

عن شماله، فلا تصيبهم أشعتها في أول ولا آخر النهار. وكانوا يتقلبون أثناء نومهم، حتى لا تهترئ أجاسدهم. فكان الناظر إليهم يحس بالرعب. يحس بالرعب لأنهم نائمون ولكنهم كالمستيقظين من كثرة تقلّبهم.بعد هذه المئين الثلاث، بعثهم الله مرة أخرى. استيقضوا من سباتهم الطويل، لكنهم لم يدركوا كم مضى عليهم من الوقت في نومهم. وكانت آثار النوم الطويل بادية عليهم. فتساءلوا: كم لبثنا؟! فأجاب بعضهم: لبثنا يوما أو بعض يوم. لكنهم تجاوزوا بسرعة مرحلة الدهشة، فمدة النوم غير مهمة. المهم أنهم استيقظوا وعليهم أن يتدبروا أمورهم.فأخرجوا النقود التي كانت معهم، ثم طلبوا من أحدهم أن يذهب خلسة للمدينة، وأن يشتري طعاما طيبا بهذه النقود، ثم يعود إليهم برفق حتى لا يشعر به أحد. فربما يعاقبهم جنود الملك أو الظلمة من أهل القرية إن علموا بأمرهم. قد يخيرونهم بين العودة للشرك، أو الرجم حتى الموت.خرج الرجل المؤمن متوجها للقرية، إلا أنها لم تكن كعهده بها. لقد تغيرت الأماكن والوجوه. تغيّرت

البضائع والنقود. استغرب كيف يحدث كل هذا في يوم وليلة. وبالطبع، لم يكن عسيرا على أهل القرية أن يميزوا دهشة هذا الرجل. ولم يكن صبعا عليهم معرفة أنه غريب، من ثيابه التي يلبسها ونقوده التي يحملها.لقد آمن المدينة التي خرج منها الفتية، وهلك الملك الظالم، وجاء مكانه رجل صالح. لقد فرح الناس بهؤلاء الفتية المؤمنين. لقد كانوا أول من يؤمن من هذه القرية. لقد هاجروا من قريتهم لكيلا يفتتنوا في دينهم. وها هم قد عادوا. فمن حق أهل القرية الفرح. وذهبوا لرؤيتهم.وبعد أن ثبتت المعجزة، معجزة إحياء الأموات. وبعدما استيقنت قلوب أهل القرية قدرة الله سبحانه وتعالى على بعث من يموت، برؤية مثال واقي ملموس أمامهم. أخذ الله أرواح الفتية. فلكل نفس أجل، ولا بد لها أن تموت. فاختلف أهل القرية. فمن من دعى لإقامة بنيان على كهفهم، ومنهم من طالب ببناء مسجد، وغلبت الفئة الثانية.لا نزال نجهل كثيرا من الأمور المتعلقة بهم. فهل كانوا قبل زمن عيسى عليه السلام، أم كانوا بعده. هل آمنوا بربهم من من تلقاء

نفسهم، أم أن أحد الحواريين دعاهم للإيمان. هل كانوا في بلدة من بلاد الروم، أم في فلسطين. هل كانوا ثلاثة رابعهم كلبهم، أم خمسة سادسهم كلبهم، أم سبعة وثامنهم كلبهم. كل هذه أمور مجهولة. إلا أن الله عز وجل ينهانا عن الجدال في هذه الأمور، ويأمرنا بإرجاع علمهم إلى الله. فالعبرة ليست في العدد، وإنما فيما آل إليه الأمر. فلا يهم إن كانوا أربعة أو ثمانية، إنما المهم أن الله أقامهم بعد أكثر من ثلاثمئة سنة ليرى من عاصرهم قدرة على بعث من في القبور، ولتتناقل الأجيال خبر هذه المعجزة جيلا بعد جيل.

مطبوعات الموسوعة العربية الأمريكية

ضمن مشروع معهد إحياء التراث العربي في المهجر
ودار الكاتب العربي للنشر في المهجر

Arab American Encyclopedia-USA
And Hasan Yahya Publications

الدكتور حسن عبدالقادر يحيى

نبذة عن الدكتور يحيى

ولد الدكتور حسن عبدالقادر يحيى في مجدل يابا من أعمال يافا – فلسطين عام 1944. تلقى علومه الابتدائية في مدرسة بديا الأميرية في الضفة الغربية أيام احتوائها ضمن المملكة الأدردنية الهاشمية وتخرج في جامعة بيروت حاملاً الإجازة في اللغة العربية وآدابها، ودبلوم التأهيل التربوي من كلية القديس يوسف بلبنان، ودبلوم الدراسات العليا (الماجستير) ودكتوراة في الإدارة التربوية من جامعة ولاية ميشيغان بالولايات المتحدة عام 1988، وشهادة الدكتوراه في علم الاجتماع المقارن من الجامعة نفسها عام 1991. عمل في التدريس والصحافة الأدبية. أديب وشاعر وقاص ، منصرف إلى الكتابة في علوم كثيرة تخص علمي النفس والاجتماع والتنمية البشرية ، ألف ونشر العديد من المقالات (1000 +) والكتب باللغتين العربية والإنجليزية (أكثر من 280 كتابا) ، منها ست مجموعات قصصية وست كتب للأطفال ، وأربع دواوين شعرية باللغتين أيضا. وعدد من كتب التراث في الشعر والأدب والأخلاق الإسلامية والتربية والأديان . وهو الآن أستاذ متقاعد في جامعة ولاية ميشيغان. . وكان عضوا سابقا في جمعية العلماء المسلمين في أمريكا . وهو مؤسس الموسوعة العربية الأمريكية في الولايات المتحدة ضمن مشروع إحياء التراث العربي في بلاد المهجرز كما تم ترشيحه مؤخرا ليكون عضو مجلس التحرير لمجلة الدراسات الإنسانية العالمية.

HASAN YAHYA was born at a small village called Majdal-YaFa (Majdal Sadiq) in Mandate Palestine (1944). He migrated as a refugee to Mes-ha, a village east of Kufr Qasim, west of Nablus (in the West Bank), then moved with his family to Zarka, 25 km north of Amman –

Jordan. He finished the high school at Zarka Secondary School, 1963. He was appointed as a teacher in the same year. Studied Law first at Damascus University, then Lebanon University. He moved to Kuwait. Where he got married in 1967. He was working at Kuwait Television, taught at bilingual School, and Kuwait University. In 1982, Hasan left to the United States to continue his education at Michigan State University. He got the Master Degree in 1983, the Ph.D degree in 1988 in Education (Psychology of Administration). In 1991, He obtained his post degree in research, the result was a second Ph.D degree in Social Psychology. He was the only Arab student who enrolled ever to pursue two simultaneous Ph.D programs from Michigan State University .

Professor Yahya employment history began as a supervisor of a joint project to rehabilitate Youth (inmates out of prison) by Michigan State University and Intermediate School Districts. Worked also as a Teacher Assistant and lecturer in the same university. He was offered a position at Lansing Community College as well as Jackson Community College where he was assistant professor, then associate professor, then full professor (1991-2006). He taught Sociology, psychology, education, criminology and research methods. He supervised 19 Master and Ph.D candidates on various personal, economic psychological and social development topics. Professor Yahya published Hundreds of articles and research reports in local, regional, and international journals. His interest covers local, regional and global conflicts. He also authored, translated, edited and published over 200 books in several languages, in almost all fields especial education, sociology and psychology. He also, was a visiting professor at Eastern Michigan University to give Conflict Management courses. Prof. Yahya accepted an offer to join Zayed University Faculty Team in 1998, then he served as the Head of Education and Psychology Department at Ajman University of Science and Technology 2001-04.

Dr. Yahya established several institutes in Diaspora, the Arab American Encyclopedia, Ihyaa al Turath al Arabi Project, (Revival of Arab Heritage in Diaspora. Recently he was nominated for honorary committee member for the Union of Arab and Muslim Writers in America, and accepted to be a board member in International Journal of Humanities Studies. He was affiliated with sociological associations and was a member of the Association of Muslim Social Scientists (AMSS) at USA. Social Activities and Community Participation: Dr. Yahya was a national figure on Diversity and Islamic Issues in the United States, with special attention to Race Relations and Psychology of Assimilation. He was invited as a public speaker to many TV shows and interviews in many countries. His philosophy includes enhancing knowledge to appreciate the others, and to compromise with others in order to live peacefully with others. This philosophy was the backgrounds of his theory, called " Theory C. of Conflict Management". And developed later to a Science of Cultural Normalization under the title: "Crescentology. The results of such theory will lead to world peace depends on a global Knowledge, Understanding, appreciation, and Compromising (KUAC)" (Revised Feb. 2014)

CV. in Brief

Hasan Yahya is thee Chief Editor of the International Humanities Studies Journal-IHS. He is an Arab-Palestinian-American theorist, sociologist, philosopher, writer and historian. He's a former professor of Comparative Sociology and Educational Administration at Michigan State University, Lansing Community and Jackson Community Colleges. He is the Board Editing member at International Humanities Studies (IHS) Journal (Jerusalem-Spain) and several other USA, journals. Dr. Yahya is the originator of Arab American Encyclopedia and Ihyaa al Turath al Arabi fil Mahjar-USA. His (300 plus) publication may be observed on Amazon and Kindle. To reach the writer: Email: askdryahya@yahoo.com

Dr. Yahya Credentials: Ph.D in Comparative Socioloy 1991, Michigan State University. Ph.D in Educational Administration, Michigan State Univ.(1988). M.A Psychology of Schools Conflict Management, Michigan State Univ. 1983. Diploma M.A, Oriental Studies, St. Joseph Univ. Beirut, Lebanon. (1982) B.A Modern and Classical Arab Literature, (1976). Life Achievements: Publishing 260 plus Books and 1000 plus articles.

تقرير إخباري

كشف حساب للمثقفين العرب شبابا وشابات عن مثقف عربي فلسطيني أمريكي في المهجر

لانسنغ: ميشيغان فبراير 20، 2014

نشرت إدارة الموسوعة العربية الأمريكية التي تتعهد مشروع إحياء التراث العربي في المهجر هذا التقرير الإخباري (الثقافي الأدبي والشعري والتراثي) الذي يفتخر بتقديمه أديب عربي فلسطيني أمريكي ، يدعو فيه القراء والقارئات العرب للإطلاع على ما حققه وألفه وأعده وترجمه ونشره لنفسه وللأدباء العرب قديما وحديثا من كتب خلال الخمس سنوات الماضية باللغتين العربية والأنجليزية ويمكن التأكد من هذا التقرير خلال التثبت من القائمة على موقع أمازون وكندل ، والجدير بالذكر أن الدكتور حسن يحيى (Hasan Yahya) ، متقاعد أويمكن القول أنه شبه مقعد ، حيث يعيش بكبد غيره ، بعد أن من الله عليه بالشفاء بعد نقل الكبد الجديد ، ويعتبر الأديب العربي الفلسطيني نموذجا للشباب العربي في بلاد المهاجر - بلاد الحرية والفكر والسحر ، وهو ممن يؤمنون بالعربية لغة مقدسة ، والتراث العربي تراثا عالميا يستحق الفهم والنشر ، وممن يقومون بإحياء التراث العربي بهذه اللغة ، لخدمة أبنائنا من الجيلين الثاني والثالث في بلاد الاغتراب . وقد تم ادراج بعض الكتب في مقررات دراسية في المدارس العربية والإسلامية في البلاد الأجنبية . كما تم الحصول عليها عن طريق أسواق أمازون حول العالم (أوروبا بريطانيا وأستراليا والأمريكتين وآسيا عدا بلاد الصين وأفريقيا والدول العربية وروسيا) ، والجدير بالذكر أن الدكتور يحيى يقوم بدعم الشباب والشابات

العرب في عملية تبني نشر أعمالهم مجانا وعلى حسابه الخاص ضمن مشروعه الرائد لخدمة الأدباء الشباب: (أنشر كتابك مجانا .....) وقد تم نشر العديد من هذه الكتب المبينة في القائمة أدناه.

وهذه الكتب مفصلة حسب المجالات الأدبية والتربوية والأدبية والشعرية والدينية والفلسفية وسلاسل شعراء وشاعرات العرب وكتب التراث العربي المجيد من مؤلفات الأدباء العرب القدامى والمعاصرين .

ويسر الموسوعة العربية التي أسسها الدكتور العبقري لخدمة إحياء التراث العربي في المهجر أن يقدم الشكر للقراء والقراء والآباء والأمهات والتربويين العرب الذين يساهمون باستغلال هذه الكتب وتقديمها هدايا لمن يحبون من أصدقاء وأقارب وأحبة.

وبتفصيل الكتب حسب المواضيع وهي موجودة على أمازون ومواقع الموسوعة العربية الأمريكية والدكتور حسن يحيى :

قصص للأطفال للمؤلف:

1. أغاني رياض الأطفال – للأطفال
2. الطفلة المثالية – كتاب أطفال
3. حكايات وأغاني للأطفال20/20
4. سلسلة بلادي العربية – أصل الحضارة (للأطفال)
5. معروف الإسكافي وقصص أخرى من ألف ليلة وليلة
6. قصص أطفال: أبو صير وأبو قير
7. قصص أطفال: عبدالله البري وعبدالله البحري
8. رحلات السندباد البحري في ألف ليلة وليلة
9. حكاية معروف الإسكافي :الحكاية الأخير من 1001 ليلة
10. قصص أطفال: الحصان السحري
11. قصص أطفال على ألسنة الحيوانات
12. الأمير والتنين : قصة للأطفال
13. الأصدقاء الأربعة : قصة للاطفال
14. ست الحبايب أمي : قصة باللغتين للأطفال
15. قصة أصحاب الكهف في التاريخ
16. قصة العنزة الذكية والذئب المفترس : فصة تعايمية للأطفال

قصص قصيرة للدكتور يحيى :

17. ثمان وعشرون قصة قصيرة بالعربية
18. خمس وخمسون قصة قصيرة للأطفال
19. عشر قصص عربية
20. العربية فن : لغير الناطقين بالعربية .
21. زوجة السلطان -مجموعة قصصية
22. زوجات للبيع – قصص ومقالات
23. أفضل القصص :ثلاثون قصة عربية قصيرة
24. فن أدبي جديد قصص قصيرة جدا : 55 كلمة فقط – باللغتين
25. سبعون قصة عربية قصيرة جدا بالعربية
26. عصافير الجنة: قصة إنسانية قصيرة
27. عربي في أمريكا – مجموعة قصصية
28. قصة الغزال الطائر : قصة قصيرة
29. الدليل القاطع: قصة بوليسية قصيرة
30. دهاء امرأة: قصة بوليسية بالعربية

31. كيد الرجال : رواية قصيرة بالعربية
32. لعنة الذكاء : رواية قصيرة بالعربية
33. مادلين أوهارا : قصة قصيرة بالعربية
34. الجريمة الكاملة : قصة قصيرة بالعربية
35. ثمن الثروة : قصة قصيرة بالعربية

كتب أدبية وبلاغية

36. علامات الحب وعشاق الغرام
37. سر من قرأ: للترويح عن النفس
38. محاسن لابسات البراقع من الرأس إلى القدم
39. بديع الكلام في مدح خير الأنام
40. الفؤاد واللسان في الغزل وهوى الخلان
41. لا تلمني .... فالحب أعمى (حول شعر الغزل)
42. الأمثال عند العرب : نثرا وشعرا
43. عشق الفؤاد عند العباد :أشعار غزلية
44. بسمات وآهات العاشقين
45. الغناء والموسيقى في الإسلام
46. قصيدة المتنبي في رثاء جدته
47. صويحبات عمر بن أبي ربيعة
48. اللؤلؤ والمرجان في حدائق الزمان
49. نوادر أشعب وأبودلامة والطفيليين
50. الكرماء والبخلاء
51. لسان العرب في مسارب الأدب (الإنشاء والرسائل)
52. مروج الذهب في الحكمة والأدب عند العرب

مترجمات من الأدب العالمي

53. مسرحية الشرط الثالث –من الأدب العالمي
54. مسرحية اليانصيب: من الأدب العالمي
55. مسرحية الدخيل : من الأدب العالمي
56. مانغاما بائعة اللبن قصة من الهند
57. الإحتلال وقصص أخرى – مترجمة من الإدب العالمي
58. فديتك بروحي : قصة مترجمة من الأدب العالمي

كتب أشعار من الأدب العربي :

59. حسن يحيى : ديوان : كبري عقلك : أغاني للكبار
60. حسن يحيى : ديوان بحر الأماني – شعر
61. حسن يحيى : ديوان القدر – شعر
62. حسن يحيى : ديوان لولاك – شعر
63. ألفين بيت من الشعر العربي
64. مضاربات الشعر العربي والمعلقات –أكثر من 3000 بيت
65. عشرة آلاف بيت من عيون الشعر العربي
66. من عيون الشعر الأندلسي: أشعار عربية
67. ابن زيدون: شاعر الأندلس
68. شعر الوصف في بلاد الأندلس
69. رياحين الموشحات الأندلسية

70. رباعيات الخيام بالعربية

كتب عن الشعراء العشاق :

71. العشاق المجانين: مجنون ليلي
72. العشاق المجانين : ليلى الأخيلية
73. العشاق المجانين: عروة وعفراء

كتب إجتماعية وإدارية:

74. مناهج البحث العلمي في العلوم الاجتماعية
75. أضواء على الفكر الغربي
76. علم الإجتماع التطبيقي
77. نظرية سي القمرية والطبيعة البشرية
78. مقالات في التنميةالإجتماعية
79. أسس الإدارة ونظرياتها
80. الأسرة العربية في مهب الريح
81. قصص إجتماعية : حكايات من أمريكا
82. نظرية المؤامرة والعالم العربي
83. صراع الماء والسكان في الشرق الأوسط والعالم

كتب علم نفس :

84. كتاب في علم النفس: الوعي واللاوعي والسعادة
85. قياسات الذكاء بالعربية
86. حالات علاجية لغير القادرين
87. مقالات في علم النفس
88. الوعي واللاوعي

كتب تربوية تعليمية:

89. مهارات المعلم وإدارة الفصل – جزء أول
90. مهارات المعلم وإدارة الفصل – جزء ثان
91. سلسلة العلم للأطفال : الكواكب التسعة

كتب دينية :

92. باب الإيمان في الصحيحين البخاري ومسلم
93. محمد (ص) رسول البشرية
94. قرآن كريم :تفسير سورة يس باللغتين Tafseer Surat Yasin -
95. قرآن كريم: تفسير الجلالين : سورة البقرة
96. كتاب الطهارة في صحيح مسلم
97. قرآن كريم: تفسير سورة الكهف : شريف سيد قطب
98. تفسير سورة الكهف : يوسف القرضاوي
99. التعاليم الأخلاقية العربية والإسلامية – باللغتين
100. الإسلام ومصالح البشر
101. موجز التاريخ الإسلامي
102. اللهم فاشهد – مقالات فلسفية

مسرحيات مؤلفة ومترجمة :

103. مسرحية : الدخيل، بالعربية مترجمة عن الإنجليزية
104. مسرحية الدخيل، بالصينية مترجمة عن الإنجليزية
105. مسرحية الدخيل بالإسبانية ، مترجمة عن الإنجليزية
106. مسرحيات وقصص / الشرط الثالث

107. مسرحية : الثورة نحن وأنا . بالعربية
108. مسرحية اليانصيب: مترجمة لتشيكوف

سلسلة كتب الفيلسوف ابن رشد (خمسة كتب)

109. ابن رشد وعلم النفس
110. ابن رشد : فصل المقال
111. ابن رشد : كتاب القياس
112. ابن رشد : تلخيص الخطابة
113. ابن رشد : شرح البرهان

سلسلة إحياء التراث العربي :

114. طوق الحمامة (الحب في الأندلس) لابن حزم الأندلسي
115. قصة التوابع والزوابع لابن شهيد الأندلسي
116. حي بن يقظان لإبن طفيل
117. رسالة الغفران لأبي العلاء المعري
118. كتاب كليلة ودمنة لابن المقفع
119. مقامات بديع الزمان الهمذاني الخمسين بالعربية
120. مقامات الحريري الخمسين بالعربية
121. مقامات الزمخشري (47 مقامة)
122. الأغاني للأصفهاني- الجزء الأول
123. الأغاني للأصفهاني – الجزء الثاني
124. الأغاني للأصفهاني – الجزء الثالث
125. الإمتاع والمؤانسة لأبي حيان التوحيدي – الجزء الأول
126. الإمتاع والمؤانسة لأبي حيان التوحيدي – الجزء الثاني
127. فارس الشهباء: عنترة بن شداد العبسي
128. موجز رسائل إخوان الصفا
129. رسائل إخوان الصفا الرياضية التعليمية - 14
130. رسائل إخوان الصفا النفسانية العقلية -10
131. قصص عربية قصيرة من الإدب العربي المعاصر .
132. الغريض في التراث الغنائي العربي
133. شخصيات إسلامية : الخليفة عمر بن عبدالعزيز
134. شخصيات إسلامية : أبو ذر الغفاري
135. موجز رسائل إخوان الصفا
136. رسالة العشق من رسائل إخوان الصفا
137. الأمثال في شعر المتنبي
138. رسالة المقريزي في الكيمياء والفيزياء
139. شاعر النيل حافظ إبراهيم
140. الموسيقى والغناء في التراث العربي الإسلامي – الجزء الأول
141. المغنون الرجال في التراث العربي الإسلامي – الجزء الثاني
142. الجواري والمغنيات في التراث العربي الإسلامي – الجزء الثالث
143. عباقرة الفكر الإسلامي في قرنين

سلسلة شاعرات العرب:

144. شاعرات العرب : فدوى طوقان :شاعرة من فلسطين
145. شاعرات العرب: نازك الملائكة : شاعرة من العراق
146. شاعرات العرب : ولادة بنت المستكفي

186. ثلاث مسرحيات مصرية: محمد عبدالله ربيعي
187. العريف حسن: ديوان شعر شعبي عن مصر: محمد عبدالله الربيعي
188. هرولة فوق صقيع توليدو : رواية : ماري رشو
189. أوراق حلم: قصص قصيرة : ماري رشو
190. الحب أولا: قصص قصيرة : ماري رشو
191. رجال في الشمس: رواية لغسان كنفاني
192. حرائق امرأة : رواية بالعربية ماري رشو
193. الشبيهة: رواية عربية ماري رشو
194. وفاء عزيز أوغلي: عزف على أوتار قلب : قصص قصيرة
195. هكذا ولدت مريم : رواية لهناء كرم سابا
196. تحت عباءة أبي العلاء : مقالات لنجيب سرور من مصر
197. غادة السمان: كوابيس بيروت – نثر أدبي
198. العجوز والبيدر : قصص قصيرة لعبدالرحمن الأقرع من فلسطين
199. أحلام مستغانمي: عابر سرير : رواية بالعربية
200. أحلام مستغانمي: فوضى الحواس : رواية بالعربية
201. أحلام مستغانمي: الجسد روياة بالعربية
202. طبائع الاستبداد للشيخ عبدالرحمن لكواكبي
203. إثنان وخمسون مقالا لأنيس منصور/1
204. خمسون مقالا لأنيس منصور/ 2
205. مقالات لأنيس منصور/ 3 .
206. صدام حسين : رواية أخرج منها يا ملعون
207. زبيبة والملك: رواية لصدام حسين
208. السأم الباريسي ترجمة أشغار بودلير لمحمد الإحسايني
209. أرض البرتقال الحزين لغسان كنفاني
210. الطوفان الأزرق : رواية من الخيال العلمي : أحمد عبدالسلام البقالي
211. البعد الخامس: رواية من الخيال العلمي: طالب عمران
212. القصيدة الخمرية لابن الفارض (باللغتين)
213. شموع ودموع عن النظرات للمنفلوطي
214. العبرات لمصطفى المنفلوطي
215. موجز البلاغة للشيخ الطاهر بن عاشور
216. رواية الدفلى للأديبة العربية ماري رشو
217. رواية هبة للأديبة العربية : هناء كرم سابا
218. رواية في مهب الريح للأديب الأردني : تيسير دبابنة
219. الهجرة السرية: قصص قصيرة بالعربية : محمد محمد البقاش
220. قصص قصيرة من الأدب العربي المعاصر بالعربية
221. الفراشات والغيلان: رواية عزالدين الجلاوجي
222. الغواصون السبعة : محمد محيي الدين مينو
223. عش الدبابير: رواية: جميل السلحوت من فلسطين
224. نيران : رواية بالعربية – يحيى الصوفي
225. متى تغيب العدالة؟ لعمار حرب
226. طفل من غزة : قصة قصيرة – نعيمي بوشنتوف نورالدين
227. رأس المحنة : 1+1=0 لعز الدين الجلاوجي
228. سرادق الحلم والفجيعة عزالدين جلاوجي

229. غادة السمان : قصة هاربة من منبع الشمس
230. عطر الحب : قصص قصيرة لهيفاء البيطار
231. أيام العرب : داحس والغبراء
232. أيام العرب: حرب البسوس
سلسلة الأدباء عرب
233. عباس محمود العقاد شاعرا
234. علي محمود طه
235. خليل مطران
سلسلة قصائد خالدة
236. أبو فراس الحمداني : قصيدة أراك عصي الدمع
237. إبراهيم ناجي وقصيدة الأطلال
238. الأصمعي: قصيدة صوت البلبل ونوادر الأصمعي
239. نزار قباني :قصيدة بلقيس
240. المتنبي : قصيدة واحر قلباه

أما الكتب الانجليزية وعددها يفوق الثمانين كتابا في شتى مجالات الأدب والعلوم والفلسفة ، فهي مفصلة كما يلي
كتب الدكتور يحيى باللغة الإنجليزية: **Dr. Yahya Books in English:**

241. *Hammurabi Codes of Law*
242. *The Dangers of the GMS and Conflict Management: Research Paper, Slideshow & Presentation*
243. *Moon Flowers: Poems, Tales & Politics*
244. *Poetry Diwan: Love, Fears & Hopes*
245. *Crescentology: A Theory Of Conflict Management And Cultural Normalization*
246. *Crescentologism: The Moon Theory*
247. *Brief Arab & Muslim Ethics: For Non-Arabic Speakers*
248. *The Beast In Me America: Arabic Tales, Stories, & Poetry*
249. *Personality & Stress Management: A New Theory*
250. *Arab Palestinian & Jews: Sociological Aproach*
251. *Legal Adultery: Sexuality & World Cultures*
252. *Crescentologism: The Moon Theory*
253. *Islam: Finds Its Way*
254. *30 Tales From Faraway Land: Middle Eastern*
255. *Brief Islamic History* (bilingual)
256. *Jesus Christ Speaks Arabic*
257. *Fan Adabi Jadid* (bilingual)
258. *Protocols of Zion*: Trilingual : Spanish, English & Arabic
259. *Prophets Saga*: from Adam to Muhammad
260. *Al-Akhlaq al-Islamiyyah* (Bilingual)
261. *Quotes: Love & Humor* (Bilingual)
262. *Jesus is Different* the Prophets History

263. 50 Short Stories (55 words)-Bilingual
264. *The Intruder*: Bilingual
265. *Alisha and Other Stories.*
266. *70 Very Short Stories* (English)
267. *Short Stories from World Literature (Bilingual)*
268. *65 stories for Children* 3-12 , (English)
269. *Occupation and Other Stories* from World Literature –English
270. *85 Fables & Tales for Children 3 to 12* (English)
271. *Naji al-Ali Art Show.* A Palestinian Artist *Ann Mary Thatcher*
272. *Princess Imagination:* A New Design Novel (English)
273. *Al-Hariri Assemblies* (Maqamat al-Hariri (English)
274. *Water, Population and Conflict in the Middle East.*
275. *Princess Diana Still Alive, A New Novel Design.*
276. *Nietzsche On Christianity*
277. *Bertrand Russell: Roads to Freedom*
278. *Ernest Hemingway suicide Story*
279. *Brief Management: Theories & Applications.*
280. *I Have the Right to be Angry*
281. *FBI Madness Storm , One Act Play*
282. *Nadia: An Innocent Girl from Cairo, Short Story*
283. *Brain and Mind Psychology*
284. *Banning Islam: Petition of Ignorance*
285. *The Wiseman Spirit Still Dancing:Short Story*
286. *The Old man and the Mower, Short Story*
287. *Al Imam al Bukhari Research Methods*
288. *Secularism: A Response to Sh. Yusuf al Qaradawi*
289. *Family, Leadership & Problem Solving Games*
290. *Knowledge & Globalization*
291. *Islam & Muslims in America: Sociological Analysis*
292. *The Science of Socio-Therapy*
293. *Defending Islam, Banning Islam*
294. *Defeating PTSD Epidemics*
295. *New Theory of the Universe: A Macro Philosophical Approach*
296. *The Concept of Crescentology in Sociology*
297. *The Old Man & the Mower, short Story*
298. *Huda Sha'rawi, An Egyptian Legendary Girl*
299. *Joan of Arc*: The French Legendary Girl
300. *Rosa Park*: African American Legend
301. *Sayf bin Thi Yazan*
302. *Ibn Khaldun in Modern Times*
303. *Research Practice: Doing Research for Beginners & Professionals*

304. *Great Arab and Muslim Thinkers*
305. *Ibn al Farid :The Ode Wine (bilingual)*
306. *Arabs & Columbus: Exploratory Study*
307. *Blasphemy in History*
308. *Khalil Gibran*
309. *Crusades, Terrorism and Islamophobia*
310. *Che Guevara: Irish-Legend*
311. *Great Seven Modern Arab Writers*
312. *Rasa'l Ikhwan al Safa: Omar Farrukh*
313. *Gandhi: Father of India*
314. *Ali bin Abi Talib: The Fourth Caliph*
315. *Wonders of 1001 Nights: The Three Apples Story*
316. *Wonders of 1001 Nights: The Fisherman Story-Soon.*
317. *Wonders of 1001 Nights:The Merchant and the Genie*
318. *Children Imagination: Short Stories from the Middle East*
319. *Nasnoosa: The Rabbit Girl by Algerian woman writer: Samra al Aidi*
320. *God, Was He or She, MOM! Short Story.*
321. *Sittil Habayed Ummi-Qissah lil Atfal Billughatayn.*
322. *Child from GAZA-Short Story-Noureddine B.Naimi*
323. *Jane and Johnny: Love Story*

كتب أخرى للأطفال
على أمازون

قصص اطفال
على
لسان الحيوان
عبد الهادي يحيى

55
قصة للأطفال
حسن يحيى
55 Stories
4 Kids

www.ingramcontent.com/pod-product-compliance
Lightning Source LLC
Chambersburg PA
CBHW070246290526
45789CB00004B/1792
* 9 7 8 1 5 0 0 8 8 0 7 0 5 *